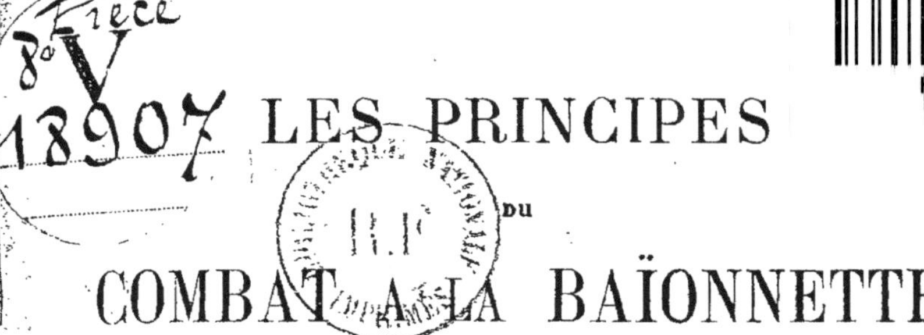

LES PRINCIPES

du

COMBAT A LA BAÏONNETTE

A L'USAGE DU COMBATTANT

par M. André GAUCHER

Chef de la Mission aux Armées du « *Combat à la Baïonnette* »

LIBRAIRIE MILITAIRE BERGER-LEVRAULT

PARIS	NANCY
RUE DES BEAUX-ARTS, 5-7	RUE DES GLACIS, 18

Prix : 1 fr. 25.

LES PRINCIPES

DU

COMBAT A LA BAÏONNETTE

A L'USAGE DU COMBATTANT

par M. André GAUCHER

Chef de la Mission aux Armées du « *Combat à la Baïonnette* »

LIBRAIRIE MILITAIRE BERGER-LEVRAULT

PARIS | **NANCY**

RUE DES BEAUX-ARTS, 5-7 | RUE DES GLACIS, 18

LE LANCÉ

Le développement du coup est obtenu par la rotation du buste. L'épaule droite vient un peu en avant, déterminant une légère inclinaison du corps. La fente est supprimée. La stabilité du corps est parfaite. La main gauche se tient prête à ressaisir l'arme. Remarquons que c'est un mouvement facile que tout combattant peut exécuter.

L'ESCRIME DE GUERRE

A. — L'escrime est une science exacte, précise, je l'admets. On l'enseigne dans les salles d'armes. On l'applique sur le terrain. Elle donne des résultats évidents. A courage égal, et même à courage inférieur, le duelliste expérimenté blesse ou tue son homme. Mais il s'agit, ici, de la science complexe de l'épée ou du sabre. Peut-il être question d'escrime, même d'une escrime simple ou rudimentaire, lorsqu'il s'agit du champ de bataille, lorsque des rencontres d'une rapidité foudroyante mettent aux prises des hommes que jette les uns contre les autres la formidable ruée des charges?

En un mot, sur le champ de bataille, est-ce que l'élan n'est pas tout? L'élan, c'est-à-dire le moral.

B. — Loin de moi, même l'apparence de méconnaître le moral. Je connais trop bien la confiance que donne à un homme qui se bat la certitude de sa supériorité. Mais, entendons-nous, il faut, précisément, que cette force morale dont vous parlez participe de la connaissance que je viens de définir. Pardonnez-moi, je dédaigne un peu le courage aveugle, le courage fou qui ignore le danger. Il faut le connaître pour le vaincre. En un mot, on peut dire, en forçant un peu la nature des choses, que le vrai courage est une science. Ou plutôt, il est aussi une science.

A. — Ainsi, sur le champ de bataille, dans le tumulte et l'horreur de la tuerie, dans la fureur du corps à corps, vous croyez que ce courage... savant trouve sa place?

B. — Je ne le crois pas, j'en suis sûr. Et je vais vous en donner deux irrécusables preuves tirées de notre histoire qui est beaucoup plus belle encore que notre légende. Celle-ci veut que tout Français possède, en quelque sorte, par droit de naissance, la science infuse du combat à la baïonnette. Cela fait sourire. Mais notre ancienne et prodigieuse supériorité à l'arme blanche, mais les raisons de cette supériorité, cela c'est sérieux. C'est de l'histoire.

Les preuves dont je vous parlais, deux extraordinaires faits d'armes, les voici :

1º A Austerlitz. Un régiment de chasseurs de la garde se trouve opposé à un régiment de chevaliers-gardes russes, colosses cuirassés par devant. Que va-t-il se produire? Dans la charge, le résultat est certain. L'énorme masse du régiment cuirassé va balayer ce régiment de poids légers des chasseurs à cheval. Mais, très habilement, celui-ci évite le choc de la charge. Et, dans la mêlée, en un quart d'heure, le magnifique régiment russe est réduit de moitié.

« Les chasseurs, nous dit le capitaine Thorel qui raconte le fait dans la France Militaire, étaient, presque tous, des prévôts d'armes dont la science ne pouvait s'employer que dans la mêlée. Dans la charge de cavalerie, le plus maladroit, en effet, est l'égal du plus habile. »

2º Second fait. A Waterloo. C'est Thiers qui raconte ceci. L'avant-garde de Blücher forte de quatorze bataillons vient d'enlever le village de Planchenoit à six bataillons de la jeune garde. Les Prussiens vont atteindre la chaussée de Charleroi, couper les lignes de communication de l'armée française. Napoléon voit le danger. Il court vers deux bataillons de la vieille-garde...

Mais, ne déflorons pas un récit et une action également épiques. Lisons le texte dans l'Histoire du Consulat et de l'Empire :

« *Les deux bataillons désignés rompent le carré, se forment en colonnes et, l'un à gauche, l'autre à droite, se portent au bord du ravin d'où les Prussiens débouchaient déjà, en nombre. Ils abordent les assaillants d'un pas si ferme, d'un bras si vigoureux, que tout cède à leur approche. Furieux contre l'ennemi qui voulait nous tourner, ils renversent ou égorgent tout ce qui leur résiste et* convertissent en un torrent de fuyards les bataillons de Hiller qui venaient de vaincre la jeune garde... *Entraînés eux-mêmes par le torrent qu'ils ont produit, les deux bataillons de vieille garde se précipitent dans le fond du ravin et remontent, à la suite des Prussiens, la berge opposée, jusqu'auprès du village de Maransart, situé en face de Planchenoit. Là, cependant, on les arrête avec la mitraille, et ils sont obligés de se replier. Mais ils restent maîtres de Planchenoit et de la chaussée de Charleroi,* et pour cette vengeance de la jeune garde par la vieille deux bataillons avaient suffi ! *On pouvait évaluer* à deux mille *les victimes qu'ils avaient faites dans cette charge épouvantable.* »

Eh bien, êtes-vous convaincu? Essayez d'expliquer le succès de cette foudroyante contre-attaque autrement que par la science du combat que possédaient à un degré extraordinaire les vieux soldats de Napoléon. Notez que l'élan des bataillons de Blücher semble irrésistible. Ils sont ivres de leur victoire sur la jeune garde. Et ils ont le terrible avantage du nombre. Ils sont sept contre un ! Mais ils se heurtent soudain à d'incomparables virtuoses de l'arme blanche, à des praticiens connaissant à fond leur métier de tueurs qu'ils pratiquent, depuis vingt ans, sur tous les champs de bataille de l'Europe.

Cet empirisme, sûr mais lent, et d'ailleurs meurtrier,

nous ne pouvons pas compter sur lui pour former nos soldats Nous n'en avons ni le temps ni le moyen. Ce qu'il nous faut, aujourd'hui, c'est une méthode, simple et rationnelle, qui nous permette de les entraîner efficacement au duel à la baïonnette.

A. — Au duel à la baïonnette?

B. — Oui, le mot vous étonne? Pourtant, il n'est que juste. Réfléchissez. Essayez de vous figurer une charge. Deux masses humaines ont été lancées l'une contre l'autre. Elles se sont heurtées. Au même instant, elles se fractionnent en une multitude de combats singuliers. Sur tous les points du front deux hommes sont en présence. Maintenant, suivant l'étendue de ce front, la victoire va dépendre de dizaines, de centaines ou de milliers de duels...

B. — C'est cependant vrai.

A. — A présent, nous sommes presque en mesure de formuler les principes élémentaires d'une théorie. La charge, comme vous le voyez, comporte deux temps :

1° L'élan collectif initial;

2° Les combats individuels, véritables duels, qui en sont l'aboutissant.

Et ce qui est merveilleux, c'est qu'à chacun de ces moments de l'action correspondent d'admirables qualités du soldat français. Seulement les unes sont spontanées et les autres ont besoin d'être éduquées. Ce qui est spontané, c'est ce goût, c'est cet instinct de l'offensive en commun, tout à fait spécial à notre race. La furia francèse, vieille comme le sang gaulois, n'est pas un vain mot. C'est un phénomène ethnique d'énergie collective.

Au contraire ce qui doit être, je ne dirai pas réfléchi, mais réflexe, c'est-à-dire éduqué, ce n'est pas la course au combat, c'est le combat lui-même. L'éducation pratique et simple des réflexes, voilà tout le secret de la *victoire dans ce duel foudroyant dont nous venons d'examiner les conditions. Entre ces deux adversaires que la fatalité de la bataille a précipités l'un vers l'autre, la victoire, je l'affirme, est au combattant et je donne à ce mot le sens précis que sous-entendent volontiers certains éducateurs de nos salles d'armes plus soucieux des résultats de terrain que des jeux de nos académies, celui de l'homme entraîné au combat, qui, d'une façon ou d'une autre, a réussi à se créer des réflexes de combat.*

A. — Mais comment procéder d'une façon rapide à cette éducation?

B. — Evidemment, le maniement d'armes, excellent pour l'assouplissement, ne suffit pas pour le combat. L'école du combat, c'est le combat lui-même, ou son image : l'assaut.

C'est l'assaut à la baïonnette, pratiqué avec le matériel nécessaire de fusils d'étude à baïonnettes rentrantes, de masques et de gants, qui, seul, développera rapidement les aptitudes individuelles de combat du soldat français. Ce matériel, le comité du « Combat à la Baïonnette » l'a réuni. Il le fait distribuer, avec l'approbation du Ministère de la Guerre et du Grand Quartier Général, par une mission spéciale, dans les lignes de repos. C'est là l'objet essentiel de notre Œuvre de Guerre : donner à nos soldats un moyen pratique et attrayant de s'entraîner au combat à l'arme blanche, aujourd'hui si fréquent et si meurtrier. Mais nous avons voulu faire plus et mieux, nous avons cherché l'enseignement technique, la méthode qui assurerait, le plus sûrement et le plus efficacement, la supériorité de nos soldats dans le combat.

C'est cette méthode dont nous vous présentons les principes théoriques et pratiques.

A. G.

LES PRINCIPES

DU

COMBAT A LA BAIONNETTE

Nécessité d'une définition

En bonne logique, une méthode de combat ne peut se passer de la définition précise du genre de combat aux nécessités duquel elle prétend répondre. Une question primordiale domine donc cette rapide étude :

Qu'est-ce que le combat à la baïonnette ?

Dégageons-le de tous les éléments qui le préparent ou qui l'entourent. Par exemple, il faut distinguer la charge et le combat. La charge à la baïonnette comporte deux temps : 1º l'élan collectif initial ; 2º le combat lui-même. Deux masses ont été entraînées et lancées l'une contre l'autre. Elles vont se heurter. Mais ceci n'est qu'une préparation et voici l'instant décisif : les lignes adverses se fractionnent en une multitude de combats singuliers ; sur tous les points de ces lignes, *deux hommes sont en présence*. Maintenant, suivant l'étendue du front, la victoire va dépendre de dizaines, de centaines, ou de milliers de *duels*.

Caractères du duel à la baïonnette

Ainsi, la notion générale de combat à la baïonnette se trouve ramenée à cette notion plus claire, plus objective, de combat individuel à la baïonnette, de duel. Quels sont les caractères essentiels de celui-ci? Il ne s'agit pas de la lutte codifiée et réglée du terrain. La rencontre des deux combattants que le hasard de la mêlée vient de mettre en présence est soumise à une terrible condition de rapidité, *d'instantanéité*. Elle est dominée par l'inévitable nécessité de livrer un combat immédiat.

La durée des duels ordinaires à l'épée ou au sabre s'explique par la convention des reprises, par la faculté de rompre et *surtout, par la certitude de n'avoir qu'un adversaire à combattre*. Sur le champ de bataille, rien de semblable. Rompre est souvent presque impossible. Enfin, derrière le premier adversaire d'autres surgissent. Il faut frapper et frapper vite pour garder le pouvoir de frapper encore.

Donc, le combat à la baïonnette est un duel. Ce duel est d'une formidable brièveté. A la question que nous nous étions posée tout à l'heure : qu'est-ce que le combat à la baïonnette? il semble que nous soyons en mesure de répondre avec précision :

C'est un duel foudroyant.

Caractères d'une véritable méthode de combat à la baïonnette

C'est aux conditions de ce terrible combat individuel qu'une véritable méthode d'escrime de guerre doit préparer le soldat. Esquissons la physionomie d'un de ces duels. L'idéal serait de tuer ou de blesser immédiatement l'adversaire par une attaque à grande portée, puissante et rapide. Supposons cette attaque parée, le combattant expert doit être entraîné à parer vivement la riposte et à contre-riposter. Au delà, il faut redouter les confusions du corps à corps et leurs périlleuses longueurs d'où un habile combattant saura se dégager pour revenir aussitôt à la pointe expéditive.

Ainsi, une bonne méthode de combat à la baïonnette doit comporter une escrime très simple, basée sur un petit nombre de coups essentiels qui seront évidemment : 1° *très offensifs* ; 2° *très vites*.

Exposé général de la méthode nouvelle

Or, la méthode que nous allons exposer repose précisément sur l'exécution spéciale d'un coup : le *lancé* qui possède au plus haut degré cette double qualité.

Le *lancé*, dont nous étudierons plus loin la technique, est un magnifique mouvement offensif qui rappelle l'attitude du *Gladiateur combattant*. Il fait jouer les mêmes groupes de muscles, à peu près de la même façon, mais à droite. Le *lancé* était le coup favori des grenadiers napoléoniens. Ils l'exécutaient avec une maîtrise incomparable et l'avaient rendu célèbre sur tous les champs de bataille de l'Europe.

Passons sur les causes de la décadence de l'arme blanche en France. Nous n'en retiendrons qu'une. Tous les techniciens de l'escrime de combat, tous les spécialistes, d'ailleurs si rares, qui connaissent véritablement les rapports de l'escrime avec les réalités du terrain ou du champ de bataille, ont déploré l'influence des mouvements d'ensemble sur l'escrime à la baïonnette qui n'offrait plus, il y a quelques années, que le caractère d'un exercice d'assouplissement, d'une gymnastique.

Plaçons-nous au moment où de grands partisans

militaires de l'arme blanche, notamment le colonel Mordacq et le commandant Sée, venaient, à force d'énergie, de faire adopter le fusil à baïonnette rentrante par l'armée. On allait entraîner les hommes au combat. Il fallait bien leur donner une méthode de combat.

On l'improvisa. Le malheur est que la guerre survenant très peu de temps après ces improvisations, des pratiques médiocres qui ne correspondent pas à la réalité du combat se trouvèrent plus ou moins répandues.

Deux graves erreurs des méthodes actuelles :

1º *La fente ;* 2º *la position défectueuse de la main gauche.*

Une lourde erreur des méthodes auxquelles je fais allusion fut de vouloir introduire la fente de l'escrime à une main dans l'escrime à deux mains. C'est une hérésie. Et il est facile de le démontrer. La fente est un mouvement athlétique très spécial, très difficile, qui exige un entraînement considérable et permanent. Et il s'agit de la fente avec une épée, c'est-à-dire avec une arme courte, pesant, en moyenne, 600 à 700 grammes, et tenue d'une seule main, ce qui permet d'équilibrer le corps avec le bras resté libre. Essayez maintenant d'imaginer la fente avec le fusil, arme longue, *pesant plus de 4 kilos !* et figurez-vous cette énorme rupture d'équilibre encore multipliée par le poids du sac (15 kilos !) et par la projection en avant des deux bras (1) !

---

(1) Autre critique, et non la moindre : la fente est possible en salle et sur le terrain choisi d'un duel ; elle est presque toujours impossible dans les conditions du combat, terres labourées, sol boueux, prairies, etc.

Mais la principale erreur fut de ne pas assurer l'équilibre naturel de l'arme dans la position de la garde.

Toutes les méthodes, en effet, recommandent de placer la main gauche entre la grenadière et la boîte de culasse. Dans cette position, il est facile de constater que le poids du fusil d'infanterie (le lebel) ne se trouve pas également réparti entre les deux mains. Cet inconvénient initial en entraîne d'autres : nécessité de maintenir l'équilibre du fusil contre les parades par une pression (une pesée) de la main droite sur la poignée. D'où, contraction de la main droite. Rigidité de l'avant-bras droit serré contre la cartouchière. Impossibilité d'adopter une garde souple, détachée, prête au mouvement.

Difficultés d'exécution du lancé dans ces conditions.

En partant de cette position si défectueuse, on voit très bien les difficultés d'exécution du *lancé*. La main gauche ne soutenant pas l'arme sur un parcours suffisamment prolongé, le fusil pique du nez dès que cette main l'abandonne. Ainsi, 1° la vitesse initiale de projection se trouve contrariée par l'action de la pesanteur qui s'exerce dès le départ ; 2° il est impossible d'ajuster le coup.

Notez enfin que toutes les méthodes dont nous avons parlé prescrivent la fente comme une des conditions de l'exécution du *lancé* et achèvent ainsi de rendre cette magnifique attaque difficile, dangereuse, impossible.

Principes de la méthode nouvelle

1° *Changement de position de la main gauche;* 2° *suppression de la fente.*

C'est à ces graves inconvénients que remédie la

méthode nouvelle : 1° par une modification essentielle de la garde, *en changeant la position de la main gauche et en plaçant celle-ci au delà de la grenadière* (1), de façon à répartir également le poids du fusil entre les deux mains ; 2° en supprimant la fente, impossible dans l'escrime à la baïonnette et en *la remplaçant par la rotation du buste*, comme dans les mouvements de boxe anglaise.

Dans ces conditions, le caractère général de l'escrime à la baïonnette, comme nous le prouverons plus loin par une analyse technique, se trouve transformé. En particulier le *lancé* peut devenir un coup d'une étonnante précision et d'une vitesse foudroyante, quasi imparable si ce n'est par un escrimeur lui-même entraîné au combat à la baïonnette. Enfin cette magnifique attaque, qui correspond si bien aux conditions d'instantanéité du duel à la baïonnette, s'exécute, sans fente, par le déploiement du bras droit et la brusque rotation du buste, dans une détente puissante des muscles, analogue à celle du *swing*. Et cependant elle est d'une portée considérable qui prime de plus d'une longueur de baïonnette la mesure du *pointé* exécuté avec la fente la plus étendue.

Critiques du lancé. — Risque d'être désarmé. — Appréhension qui peut en résulter.

Exécuté dans les conditions défectueuses que nous avons indiquées plus haut, le *lancé* a donné lieu à de nombreuses critiques qui, toutes, visaient surtout ses difficultés d'exécution. On y ajoutait généra-

---

(1) Cette modification importante de la garde est empruntée au système très intéressant et très spécial du capitaine Thorel : *le Combat à la baïonnette avec l'emploi d'une dragonne*, dont nous parlons plus loin.

lement, comme l'a fait le regretté capitaine Gaston, le risque d'être désarmé par une parade, survenant entre l'instant où l'arme est abandonnée par la main gauche et l'instant où elle le ressaisit. Il y a là, évidemment, un moment critique que la nouvelle position de la main gauche, qui lui permet d'accompagner très loin le fusil, réduit au minimum et rend très difficile à saisir. Mais cet inconvénient qui, au fond, n'est autre que celui de la parade possible à tout coup porté quel qu'il soit, M. le capitaine Thorel y remédie par une ingénieuse invention qui, de plus, a le mérite d'offrir de nombreux avantages. Il s'agit de la *dragonne de fusil*.

La dragonne de fusil. — Ses avantages.

La dragonne est en cuir souple, ou, à la rigueur, en tresse. Elle forme un huit dont la petite boucle entoure la poignée du fusil et la grande, le poignet du combattant.

Voici ses grands avantages :

1º Passée dans la dragonne, la main droite du combattant n'est plus crispée sur la poignée de l'arme, par l'appréhension qu'il peut avoir de la laisser échapper, soit à cause de la violence du coup porté, soit par le choc de la parade adverse. La souplesse ainsi réalisée permet d'obtenir, comme dans la boxe anglaise, la *coopération immédiate à un même coup de tous les muscles du corps.*

2º La certitude de ne pouvoir être désarmé, dans aucun cas, donne une grande confiance au soldat.

3º *Il en résulte également, au point de vue budgétaire, un avantage considérable à cause du grand nombre*

**La dragonne permet au combattant de garder toute sa souplesse et par suite
de déployer le maximum de vitesse.**

La photographie montre comment l'arme étant placée en équilibre et la dragonne
enlevant toute crainte de désarmement, les mains peuvent tenir le fusil sans aucune
contraction.

*de fusils qui se perdent d'ordinaire dans les charges
à la baïonnette et dont cette invention permet de faire
l'économie.*

4º Autre avantage pratique : la dragonne permet de
dégager facilement l'arme enfoncée trop profondé-
ment dans le corps de l'adversaire où saisie par
lui (1).

Résumé

En résumé les modifications essentielles qu'intro-
duit la méthode nouvelle dans l'escrime à la baïonnette sont au nombre de trois :

1º Elle place la main gauche au delà de la grena-
dière.

2º Elle supprime la fente qu'elle remplace par la
rotation du buste.

3º Grâce à ces modifications qui permettent au
combattant d'employer toute sa souplesse elle obtient
ces attaques foudroyantes et précises qui sont la
base du combat à la baïonnette (2).

---

(1) Grâce à un ingénieux perfectionnement la main peut
se dégager instantanément de la dragonne. Ainsi la faculté
de tirer n'est nullement entravée, et de toute façon le
combattant n'est pas lié à son arme.

(2) Dans la mesure du possible nous recommandons la
dragonne.

MANUEL DU COMBATTANT

Le combat à la baïonnette
exige des qualités morales et physiques.

LES QUALITÉS MORALES *sont* :

1º *L'audace*. — L'audace donne le goût de l'*offensive* et le mépris du *risque* C'est la qualité morale nécessaire au succès des attaques foudroyantes qui sont la base du combat à la baïonnette.

2º *Le sang-froid*. — Le sang-froid est la qualité qui permet à l'homme de *juger* les coups et de les *choisir*.

LES QUALITÉS PHYSIQUES *sont* :

1º *La souplesse*. — La souplesse est la condition de cette seconde qualité :

2º *La vitesse*. — Qualité physique essentielle du combattant La vitesse permet de frapper le premier. Elle rend imparable la riposte. D'une façon générale, dans le combat, elle est le principal élément de la supériorité On la développe surtout par l'*entraînement à l'assaut*.

La garde.

PRINCIPE. — *Tout combat procède de la position jugée préférable par le combattant pour porter ou parer les coups. Cette position, c'est la garde.*

GARDE DU COMBAT A LA BAIONNETTE. — *L'arme horizontale, dans une ligne un peu basse,* au-dessous des cartouchières, détachée du corps, *la pointe*

La garde du combat à la baïonnette.

L'arme est placée dans une ligne horizontale et basse. Le coude est détaché du corps, l'avant-bras est souple. Le corps est légèrement incliné en avant.

dirigée légèrement vers la gauche, la main droite à la poignée, LA MAIN GAUCHE EN AVANT DE LA GRENA-DIÈRE, *les pieds à 20 ou 30 centimètres, suivant la taille de l'homme ou les conditions du terrain ou du combat.*

Remarques. — Remarquons les avantages de cette garde : 1° le poids de l'arme est également réparti entre les deux mains ; 2° le fusil est balancé avec souplesse, dans une ligne un peu basse, prêt à être dardé, comme un javelot. Dans ce grand mouvement de projection, les jarrets, les reins, très ployés, se détendent, appuyant le déploiement du bras droit et la puissante rotation du buste, pendant que la main gauche accompagne aussi loin que possible l'arme qui file vers le point visé.

Si le coup est paré, la rotation du buste se produit aussitôt, et brusquement, en sens inverse, pendant que la main droite ramène vivement l'arme qui retombe automatiquement dans la main gauche prête à parer la riposte de l'adversaire.

LE COMBAT

NOTION PREMIÈRE ESSENTIELLE DU COMBAT

LA MESURE. — *La mesure est la plus grande distance à laquelle un homme peut toucher efficacement son adversaire.*

Conseil pratique.— Le combattant doit s'entraîner à acquérir cette *notion de la distance* indispensable au combat à la baïonnette. Il peut commencer à l'obtenir en tirant sur des mannequins. Mais ce tir sur un but immobile est insuffisant pour préparer aux conditions du combat. C'est par la pratique de l'assaut que cette notion essentielle se développera rapidement.

Les trois temps du duel à la baïonnette.

PREMIER TEMPS

Principe. — En toutes circonstancès, DÈS QU'IL EST A SA MESURE, *le combattant doit chercher à attaquer le premier, de préférence par le* LANCÉ, *attaque puissante et rapide qui, de plus, a l'avantage de permettre de toucher de loin.*

DEUXIÈME TEMPS

a) L'attaque passe ou ne suffit pas à « descendre » l'adversaire. *Principe I. — En ce cas, exécuter un nouveau lancé.*

b) L'attaque est parée. — *Principe II. — En ce cas, il faut être prêt à parer la riposte, et contre-riposter soit par un* lancé, *si la distance n'a pas varié, soit par un* pointé, *en avançant légèrement.*

TROISIÈME TEMPS

A la suite de l'attaque du premier temps et de l'un ou l'autre cas du deuxième temps, le corps à corps se produit. *Principe. — S'en dégager rapidement, de préférence par la poussée exécutée avec le fusil, comme nous l'indiquons plus loin. Aussitôt, recommencer l'attaque par un* pointé *ou un* lancé.

PRINCIPAUX COUPS
DU COMBAT A LA BAÏONNETTE

Les principaux coups du combat à la baïonnette sont donc au nombre de quatre. Les voici, dans l'ordre logique du combat : le *lancé*, la *parade*, le *pointé*, la *poussée.*

Nous allons les définir et étudier rapidement leur technique.

Le lancé.

Les conditions d'exécution du lancé sont une garde courte de 20 ou 30 centimètres et une flexion accentuée des jarrets et des reins. Dans cette position, il faut lancer le fusil avec les deux mains et, simultanément, détendre puissamment les jarrets, les reins et l'épaule droite, la main gauche accompagnant l'arme aussi loin que possible vers le point visé, sans pourtant gêner la pivotation du corps, de droite à gauche, qui s'accentue plus ou moins suivant la portée du coup.

En même temps, le pied gauche se porte à dix centimètres en avant et la main gauche se tient prête à ressaisir l'arme que la main droite, une fois le coup exécuté, ramène instantanément à la position de la garde.

Remarque. - - En principe, la pivotation du corps ne doit amener que très légèrement l'épaule droite en avant. Mais un homme vigoureux et entraîné peut réaliser une pivotation plus puissante et plus accentuée qui lui permettra de gagner beaucoup la *mesure*, à la condition expresse que ce mouvement soit exécuté dans un temps extrêmement court.

La parade ou battement.

Les battements doivent être exécutés non pas avec la main gauche seule, mais avec les deux mains qui transmettent la puissante détente des reins en faisant

LE LANCÉ

Exemple de « lancé » exécuté avec la dragonne.

L'arme vivement projetée a coulissé dans la main droite. Par l'effet
de la brusque tension de la dragonne dont on voit une des
boucles sur la poignée celle-ci va faire retour dans la main
du combattant. Le haut du corps a pivoté brusquement. L'arme
est projetée en avant avec force et précision. La fente est
supprimée. La main gauche se tient prête à ressaisir l'arme.

Préparation d'une parade ou d'un battement.

Le demi-cercle de la parade est exécuté de bas en haut. Le pareur (à gauche sur la figure) est très assis sur les jambes, ses reins sont fortement pliés. Au contraire, le pareur garderait toute sa hauteur si l'attaque au fer était dirigée de haut en bas.

décrire à la pointe un demi-cercle, soit de bas en haut, soit de haut en bas, du côté où l'on attaque le fer. La riposte est donnée par un lancé ou un pointé.

Remarque importante. — Les battements ne servent pas seulement à la parade, mais aussi à l'attaque.

Effet de la parade ou du battement. La riposte par le « pointé ».
La détente des jambes et des reins s'est produite. Sous un choc qui pèse souvent plus de soixante kilos l'arme adverse est deplacée et souvent l'adversaire lui-même. La riposte s'effectue par un *pointé*.

L'attaque par battements sera le procédé préféré des combattants doués d'une vitesse supérieure. A vitesse égale, il est dangereux.

Le « lancé » formant arrêt sur le « pointé ».

Le *lancé* (exécuté à droite sur la photo) prime de plus d'une longueur de baïonnette le développement du *pointé*.

Le pointé.

Lancer vivement l'arme avec les deux mains et porter en même temps le corps en avant. Avancer le pied gauche de dix à vingt centimètres sans se fendre. Revenir aussitôt en garde.

Emploi du « Pointé ». — En principe, le *pointé* ne doit pas être utilisé comme attaque. En effet, il est facile de voir que s'il n'est pas exécuté avec fente, ce qui le rend impossible ou du moins très difficile et dangereux, c'est un mouvement *peu offensif.* — Le pointé sera donc employé, de préférence, après une parade, comme riposte, ou comme arrêt sur le coup de crosse, en l'exécutant toujours sans fente.

Danger du POINTÉ *comme attaque.* — Attaquer par un pointé c'est s'exposer à l'arrêt que forme sur ce coup le *lancé* exécuté en même temps. En effet, la longueur du *lancé* exécuté, suivant notre méthode, sans fente, prime de plus d'une longueur de baïonnette *le pointé* exécuté avec la fente la plus étendue.

La poussée.

Remarque préliminaire - Dans le combat à la baïonnette l'arme sûre et prompte, c'est la baïonnette, c'est la pointe. La crosse, ou toute autre partie du fusil, est une arme incertaine qui donne des résultats douteux et lents. Or, le corps à corps a pour effet d'empêcher momentanément l'usage de la pointe

Principe. — *L'homme entraîné au combat à la baïonnette, c'est-à-dire habile à l'usage de la pointe, doit donc, par le moyen le plus rapide, se dégager du corps à corps. Ce moyen c'est la poussée.*

La poussée. — *Quand le corps à corps se produit, au moment où les bois des fusils entrent en contact, maintenir ce contact, pris autant que possible sur la partie du bois du fusil située à égale distance des*

La poussée.

deux mains, appuyer progressivement, de manière à plaquer l'arme sur la poitrine de l'adversaire. A ce moment, exécuter avec la détente des reins une violente poussée. Si l'adversaire n'est pas jeté à terre,

Parade du coup de orosse dans le corps à corps.

Dans le corps à corps le combattant qui prend l'initiative de la poussée peut être arrêté par un coup de crosse. La photo montre comment, sans changer de position, on peut briser le poignet de l'adversaire.

il est du moins repoussé à une distance suffisante pour qu'on puisse aussitôt le pointer ou lui décocher un lancé.

Si l'adversaire est un poids lourd *et qu'on craigne de ne pouvoir le repousser suffisamment, prendre un point d'appui sur lui, en même temps qu'on fait un léger pas en arrière ; aussitôt, pointer ou lancer.*

Remarque. — Pour une raison quelconque on peut ne pas pouvoir se dégager rapidement d'un corps à corps, il faut donc savoir utiliser la crosse, par des coups courts, en bélier, dirigés contre des points sensibles de l'organisme, le creux de l'estomac, la pointe du menton, le nez, le genou, le bas-ventre.

Bien entendu, l'usage de la crosse n'est admissible que dans le corps à corps. Dans l'attaque, tout ce qui lève la crosse à portée d'un homme de sang-froid, familiarisé avec la pointe, est expédié aussitôt.

Imprimerie Berger-Levrault. — Paris-Nancy.